To

D1536121

Limpiemos nuestra escuela

Las gráficas

Suzanne Barchers

Créditos

Dona Herweck Rice, *Gerente de redacción*; Lee Aucoin, *Directora creativa*; Don Tran, *Gerente de diseño y producción*; Sara Johnson, *Editora superior*; Evelyn Garcia, *Editora asociada*; Lesley Palmer, *Composición*; Stephanie Reid, *Investigadora de fotos*; Rachelle Cracchiolo, M.A.Ed., *Editora comercial*

Créditos de las imágenes

cover Cynthia Farmer/Coprid/Brandon Blinkenberg/Shutterstock; p.1 Cynthia Farmer/Coprid/Brandon Blinkenberg/Shutterstock; p.4 (top) Lena Lir/Shutterstock, (bottom) Maxstockphoto/Shutterstock; p.5 Jaroslaw Grudzinski/Shutterstock; p.6 (top) Frannyanne/Marish/Shutterstock, (middle) Dmitriy Shironosov/Shutterstock, (bottom) Shutterstock; p.7 EdBockStock/Shutterstock; p.8 (top) Robert Biedermann/Shutterstock, (bottom) Ernest Prim/BigStockPhoto; p.9 Stephanie Reid; p.10 Jim West/Alamy; p.11 Larry Bones/Getty Images; p.12 (left) design56/Shutterstock, (middle) Roman Sigaev/Shutterstock, (right) Tobkatrina/Dreamstime; p.13 (left) Roman Sigaev/Shutterstock, (right) Olga Lis/Shutterstock; p.14 prism68/Shutterstock; p.16 (left) Jacob Kearns/Shutterstock; (right) Pinchuk Alexey/Shutterstock; p.17 yalayama/Shutterstock; p.18 (left) Niv Koren/Shutterstock, (right) Karin Lau/Shutterstock; p.19 (top) Paul Glendell/Alamy, (bottom) prism68/Shutterstock; p.20 Cen/Shutterstock; p.22 (left) Mark Payne/Shutterstock, (right) Jojobob/Dreamstime; p.23 (top) AFL/Getty Images, (bottom) Margo Harrison/Shutterstock; p.24 (top left) Tito Wong/Shutterstock, (top right) Natalia Lukiyanova/Shutterstock, (bottom) Igor Kisselev/Shutterstock; p.26 (top) Panaspics/Shutterstock, (bottom) Joseph Scott Photography/Shutterstock; p.27 Jacek Chabraszewski/Shutterstock

Teacher Created Materials

5301 Oceanus Drive
Huntington Beach, CA 92649-1030
http://www.tcmpub.com

ISBN 978-1-4333-2752-0

Tabla de contenido

Un gran desorden

El año escolar ya ha empezado para los estudiantes de la escuela Hall. Tanto ellos como sus padres siempre recogen la basura del patio de juegos durante el otoño. ¡Este año hay un verdadero desorden!

A finales del verano, una tormenta derribó un gran árbol. También sopló mucha basura por toda la escuela.

Los maestros ayudan a planificar el día de limpieza. Hay muchas latas y botellas por recoger. Luego podrán llevarlas al **centro de reciclaje** de la ciudad.

Día de limpieza de la escuela

En el centro de reciclaje se pueden **cambiar** las latas y botellas por dinero. Eso ayudará a pagar algunas cosas que se necesitan arreglar.

Exploremos las matemáticas

Centro de reciclado Gran Ciudad

Envase	Pago
latas de **aluminio**	$1.25 por libra
botellas de plástico	$1.00 por libra
botellas de vidrio	$ 0.10 por libra

a. ¿Qué tipo de envase es el que menos vale por libra?

b. ¿Qué tipo de envase es el que más vale por libra?

Una máquina cortará el árbol. La viruta se usará en algunas de las zonas de juego.

viruta de madera

Serán 3 días de trabajo. Limpiarán la basura el primer día. En el segundo día, los padres cortarán el árbol. Terminarán las tareas el tercer día.

Programa de limpieza del patio de juegos	
7 de septiembre	Limpieza de la basura
14 de septiembre	Corte del árbol
21 de septiembre	Pintura, finalización y festejo

El primer día, los **voluntarios** se inscriben en los equipos. Los equipos comienzan temprano. Un equipo recolecta las latas de aluminio. Otro equipo junta los elementos plásticos. Un equipo diferente recoge el vidrio.

Los equipos llevarán todos los objetos recolectados al centro de reciclaje. El dinero que obtengan se usará para comprar cosas que la escuela necesita.

Una montaña de latas

Los voluntarios colocan las latas vacías en bolsas para residuos. En una bolsa grande pueden caber 80 latas. Uno de los padres aplasta cada lata con una prensa.

Luego coloca las latas aplastadas en las bolsas. ¡En cada bolsa ahora pueden caber más de 300 latas!

Exploremos las matemáticas

Tamaño de las latas de aluminio

tamaño de lata (en pulgadas)

6

5

4

3

2

1

0

lata entera   lata aplastada

Tipo de lata

Esta lata de tamaño normal mide 5 pulgadas de alto. ¿Cuál es la altura aproximada de la lata aplastada?

El centro de reciclaje paga $1.25 por cada libra de latas. Hay aproximadamente 32 latas en 1 libra.

Los estudiantes también deciden traer latas de sus casas para reciclar. Juntan 200 libras de latas. ¡Son muchas latas!

Libras de latas por grado

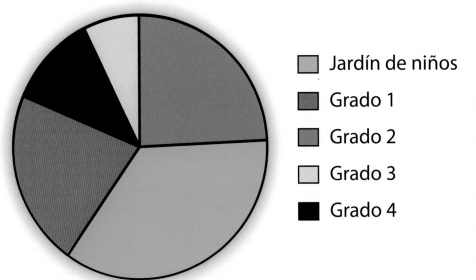

- Jardín de niños
- Grado 1
- Grado 2
- Grado 3
- Grado 4

a. ¿Qué grado trajo la mayor cantidad de libras de latas? ¿Cómo lo sabes?

b. ¿Qué grado trajo la menor cantidad de libras de latas? ¿Cómo lo sabes?

Una montaña de botellas

Los estudiantes también traen botellas de plástico de sus casas. Descubren que 8 botellas de plástico de 2 litros pesan aproximadamente 1 libra.

Los estudiantes traen 200 libras de botellas. ¡Son 1,600 botellas! Ocupan mucho lugar.

El equipo que recoge las botellas de vidrio tiene una tarea ardua. Los voluntarios adultos ayudan mucho. Algunas de las botellas están rotas. Todos deben usar guantes para protegerse las manos. Recogen con cuidado todos los trozos pequeños.

El centro de reciclaje sólo paga 10 centavos por libra de vidrio. Pero el vidrio es un material pesado. Las libras se suman rápidamente.

Los estudiantes hacen una **tabla** para ver cuántas libras de cada objeto recolectaron de sus casas y en la limpieza de la escuela. Usarán los **datos** de la tabla para hacer una gráfica.

Tipo de material	Cantidad de libras recolectadas	Precio pagado por libra
latas de aluminio	240	$1.25
botellas de plástico	240	$1.00
botellas de vidrio	600	$0.10

Los estudiantes hacen una **gráfica de barras** para calcular cuánto dinero obtendrán del centro de reciclaje. ¡En total recaudarán $600!

Dinero recaudado del reciclaje

Observa la gráfica anterior.

a. ¿Con qué tipo de material ganarán más dinero?

b. ¿Cuánto dinero más se ganará con las botellas de plástico que con las vidrio?

Los últimos detalles

Todos los equipos regresan a la semana siguiente. Los adultos cortan el árbol. Los estudiantes arrancan las malas hierbas. Se usa una **cortadora de madera** para transformar el árbol en viruta.

Un grupo de voluntarios se encarga de trasladar las carretillas llenas de viruta hasta las áreas de los juegos. Los demás rastrillan las virutas.

La escuela recaudó mucho dinero con la limpieza. Los estudiantes votan para decidir qué comprar.

PAPELETA

☐ resbaladillas

☐ área de tetherball

☐ muro para escalar

☐ cancha de frontón

☑ columpios de llantas

Descubren que pueden comprar
muchas cosas fabulosas hechas con llantas
recicladas. ¡Incluso pueden comprar
columpios con forma de caballos!

Exploremos las matemáticas

La gráfica de barras muestra el
resultado de la votación.

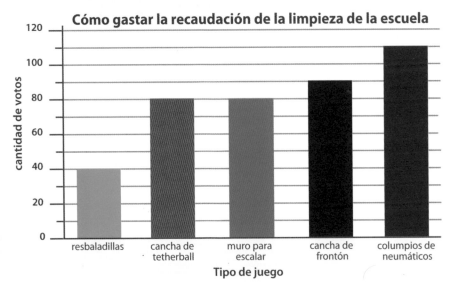

Cómo gastar la recaudación de la limpieza de la escuela

cantidad de votos

Tipo de juego

resbaladillas · cancha de tetherball · muro para escalar · cancha de frontón · columpios de neumáticos

a. ¿Cuántos estudiantes prefirieron las
resbaladillas?

b. Hubo 2 categorías con la misma
cantidad de votos. ¿Cuáles fueron?

c. ¿Cuántos estudiantes más prefirieron la
cancha de frontón a las resbaladillas?

Llega el último día de trabajo. Algunos padres pintan una rayuela. Otros pintan una cancha de baloncesto. Los estudiantes ayudan con una nueva pista de obstáculos. Se cuelgan los nuevos columpios de llantas.

¡Luego todos se ponen a jugar!

Una montaña de basura

Los estudiantes de la escuela Hollis quieren reciclar más basura. La siguiente tabla muestra un ejemplo de cuántas libras de basura semanales puede generar una familia de 4 personas. Los niños pueden usar la información para hacer una gráfica que los ayude a planificar la forma de reciclar más basura.

Cantidad de basura semanal de una familia de 4 integrantes

Tipo de residuo	Libras de basura
papel	30
alimentos	30
metales	10
vidrio	10
plásticos	10
otros	10

¡Resuélvelo!

a. Usa los datos de la tabla para crear una gráfica de barras.

b. ¿Cuáles son los 2 tipos de basura que generan más basura?

c. ¿Qué tipo de basura quisieras reciclar?

Sigue estos pasos para resolver el problema.

Paso 1: Dibuja una gráfica como la que se muestra arriba.

Paso 2: Observa la tabla. Luego agrega una barra que represente los alimentos.

Paso 3: Observa la tabla. Luego agrega barras para representar los metales, los vidrios y otros objetos.

Paso 4: Observa la gráfica. Encuentra las 2 barras que representan la mayor cantidad de basura.

Glosario

aluminio—metal liviano que se usa para hacer latas

cambiar—cambiar un artículo por otro

cancha—lugar marcado para practicar un deporte

centro de reciclaje—lugar donde se procesan latas y botellas para usarse de nuevo

cortadora de madera—máquina que corta ramas de árboles y las transforma en trozos pequeños

datos—compendio de información

general—que no es específico ni tiene muchos detalles

gráfica de barras—gráfica que usa barras para mostrar información

tabla—información que se ordena en columnas y filas para que se pueda leer con facilidad

voluntario—persona que dona su tiempo

Índice

Exploremos las matemáticas

Página 7:

a. las botellas de vidrio

b. las latas de aluminio

Página 13:

La lata aplastada mide aproximadamente media pulgada de alto.

Página 15:

a. el jardín de niños; porque ocupa la porción más grande de la gráfica.

b. el 3° grado; porque ocupa la porción más pequeña de la gráfica.

Página 21:

a. con las latas de aluminio

b. $180.00 más

Página 25:

a. 40 estudiantes prefirieron las resbaladillas.

b. la cancha de tetherball y el muro para escalar

c. 50 estudiantes más

Resuelve el problema

a.

b. el papel y los alimentos

c. Las respuestas pueden variar.